符凱棟所藏殷虛甲骨

宋鎮豪 編著

宋鎮豪署

上海古籍出版社

圖書在版編目(CIP)數據

符凱棟所藏殷墟甲骨/宋鎮豪編著.—上海:上海古籍出版社,2018.1
ISBN 978-7-5325-8623-3

Ⅰ.①符… Ⅱ.①宋… Ⅲ.①殷墟-甲骨文 Ⅳ.①K877.14

中國版本圖書館CIP數據核字(2017)第242141號

責任編輯:姚明輝
封面設計:嚴克勤
技術編輯:富 强

符凱棟所藏殷墟甲骨
宋鎮豪 編著
上海古籍出版社出版發行
(上海瑞金二路272號 郵政編碼200020)
(1)網址:www.guji.com.cn
(2)E-mail:gujil@guji.com.cn
(3)易文網網址:www.ewen.co
上海界龍藝術印刷有限公司印刷
開本889×1194 1/16 印張5 插頁4 字數115,000
2018年1月第1版 2018年1月第1次印刷
ISBN 978-7-5325-8623-3
K·2385 定價:98.00元
如有質量問題,請與承印公司聯繫

編輯組

宋鎮豪　孫亞冰

郅曉娜　牛海茹

本書爲二〇一七年國家古籍整理出版專項經費資助項目

目　　録

前　言

安陽殷墟甲骨文，爲三千年前殷商時期的文字實録，發現於晚清光緒二十五年己亥（公元1899年），迄今已近120年，先後出土十多萬片，時代滄桑，期間私掘盜挖和考古發掘品相參，甲骨實物流散世界各處。甲骨文著録書册衆多，計220種以上。20世紀晚葉《甲骨文合集》與《甲骨文合集補編》等集大成性著録集的出版，具有里程碑意義，爲推動甲骨文和甲骨學研究創造了良好條件，對於中國上古史的建設及認識中國文化的傳承、人文的演進、科學的發展，乃至甲骨文書法篆刻藝術的推陳出新，均發揮了積極的作用。

不過，以往的甲骨文著録仍有疏略遺漏和不盡人意處，尤其是散落民間私家的甲骨文藏品，數量相當可觀，能得到專門性整理研究的不太多。甲骨文的輯集考釋著録工作任重道遠，有心者仍可有所作爲。

2014年8月3日，余友安陽傅林明先生陪同山西晉城收藏家符凱棟先生造訪舍下，出示所藏甲骨百餘片求余鑒別真僞。據云是在1987年夏季得之於安陽小屯村北殷墟博物苑破土動工期間。2016年6月25日，余出差山西太原，符凱棟先生專程接余到晉城，又得揣摩其所藏甲骨十餘片，交談中符先生一再表示，希望余能幫助整理，刊布以惠學林。余感其誠，欣然答應。合前後兩批共計有字甲骨116片，無字甲骨3片及殷墟出土骨錐1枚。今年6月12日傅林明先生亦持兩卜骨前來請余一看，片大字多，品相甚精，一骨背面有墨書數字，惜字迹泐泐漫漶，依稀可辨一二字。他聽説余整理其本家符凱棟先生所藏甲骨書稿已成，願意將此兩片也附入是書以爲攢裒（即本書第1、99片）。

本書采用甲骨彩版、拓本與摹本三位一體附以釋文的著録方式。甲骨圖版的編次體例，我們仍一以貫之"分期斷代，按字體別其組類，再按内容次第排序"的原則。釋文中兼對甲骨材質、分期組類、同文例、新見字詞、涂朱填墨現象等加以扼要説明。

本書有些卜辭文例辭例前所未見，譬如第1片一期武丁時𠂤組卜骨，反復卜問何日翦伐"失"國，還出現一個"小一月"的詞組，均極重要。據《逸周書·世俘解》述周武王伐商，有"告禽（擒）霍侯，俘艾（侯）、佚侯、小臣四十有六"的記載，有學者指出，甲骨文中用爲國族名的"失"，一稱"失侯"（《懷特》360），即文獻中的"佚侯"，其地在殷西。一期賓組卜辭有云"壬戌卜，争貞：气（迄）令受田于失侯"（《合集》10923），"失侯"爲武丁王朝的侯國。此片卜骨翦伐"失"國的重要性，在於得知"失"國先前曾是殷敵國，一度遭到武丁翦伐，稍晚才成爲武丁王朝的服屬國，商末遂有周武王燮伐大商"俘佚侯"的後話。而此片"小一月"的用詞，乃是研究殷商曆法的重要材料，殷曆有大小月之分，甲骨文中有稱"小三月"（《合集》20803;《東北師大》13)、“小五月”(《合集》21637)、“小生七月”(《合集》7790、7791)等,此“小一月”爲單月屬小月又添一新例證,與今稱偶月爲小月恰相反。第3片自組小字類卜龜用鹵㞢祭父乙,以及新字“否”。第4片賁祭□。第11片貴顯人物望乘在外受令先歸。第15片骨料的專用名詞“□”,从“冎”从“斤”,“肇□百”,可能與製骨作坊的骨料獲取來源有關。第23片翦伐土方。第79片置□(鼖)奏樂以祈雨,也不多見。第99片歷組骨面刻辭“庚戌气肩三于□”,蓋可與“卜用三骨”的占卜程式相繫。即或是零星的殘片隻字,碎骨遺珠,也每有賸義可掇,就不贅舉了。

本書甲骨的公布,實現了符凱棟和傅林明兩位先生的委誠相托。這批甲骨的墨拓,主要由孫亞冰、郅曉娜和牛海茹三位博士承擔,何海慧女士也墨拓了一版大骨,孫亞冰博士還承擔了摹本製作,上海古籍出版社吳長青先生與本書責任編輯姚明輝先生,付出了很多精力,特此誌謝!願得到讀者賜正。

宋鎮豪

寫於中國社會科學院甲骨學殷商史研究中心

2017年11月30日

凡　　例

一、本書著録山西太原符凱棟所藏殷墟有字甲骨116片，無字甲骨3片，以及安陽傅林明所藏卜骨2片（本書第1、99片）。

二、本書内容包括甲骨彩版、拓本、摹本，無字甲骨與骨錐，甲骨釋文三部分。

三、凡甲骨彩版、拓本與摹本均按實物原大刊出。

四、本書甲骨用阿拉伯數字統一序次，每片甲骨只占一個號。甲骨彩版包括正面、反面或側面，分别以“正”、“反”、“側”標注。甲骨拓本與摹本次於彩版之後排列。

五、甲骨排序按字體組類及内容略爲區分，再按傳統五期序次，第一期59片，第二期35片，第三期4片，第四期2片，第五期18片。

六、本書甲骨釋文中，用“□”者表示缺一字，用“▨”表示殘缺字數不詳；字加“[　]”者，是擬補之字。凡異體字、通假字等用“（　）”在該字後注出。疑莫能定之字則於字旁標問號加“（　）”注明。

七、卜辭釋文、標點一律用寬式，句末標句號，不用問號。同一甲骨上的多條卜辭，以（1）、（2）、（3）爲序。釋文中兼對甲骨材質、分期組類、同文例、新見字詞、涂朱填墨等内容有扼要説明。甲骨材質注明“龜腹甲”、“龜背甲”、“牛肩胛骨”等字樣。

甲骨彩版　拓本　摹本

第一期

1 正

反

拓片

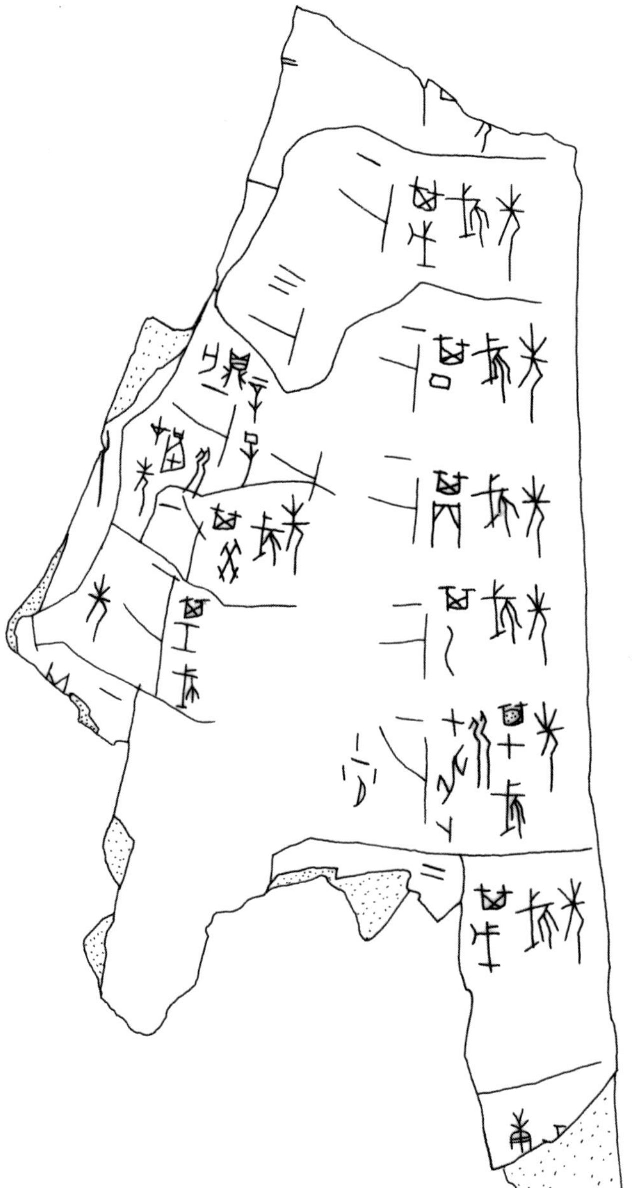

摹本

2 正

反

拓片

摹本

3 正

反

側 1

側 2

拓片

摹本

4 正

反

拓片

摹本

5 正

反

拓片

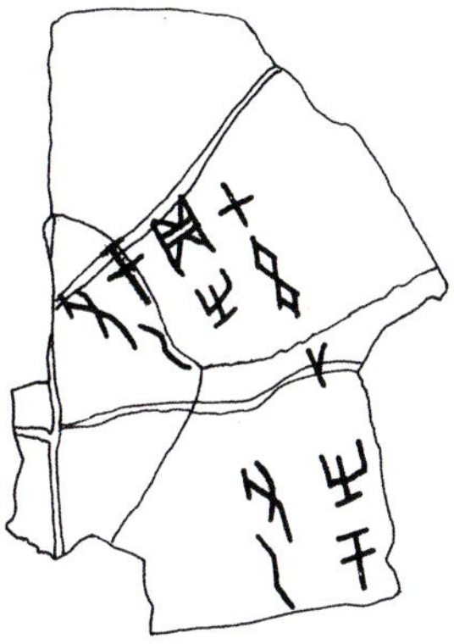

摹本

6 正

反

拓片

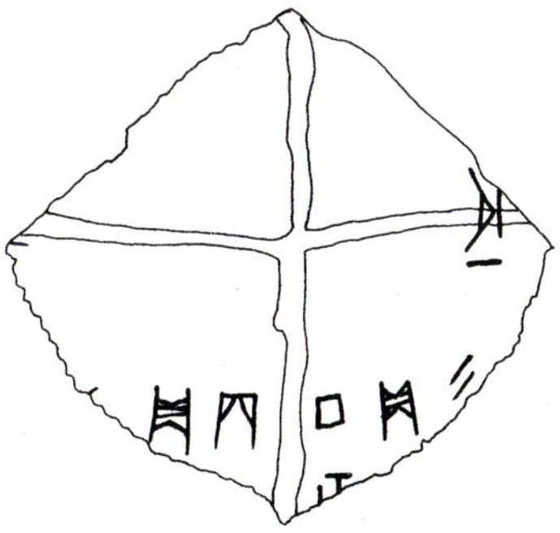

摹本

7 正

反

側

拓片

摹本

8 正

反

側 1

側 2

拓片

摹本

9 正

反

拓片

摹本

10 正

反

側

拓片

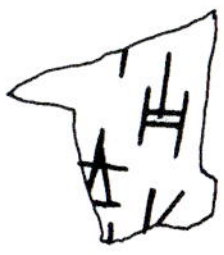
摹本

11 正

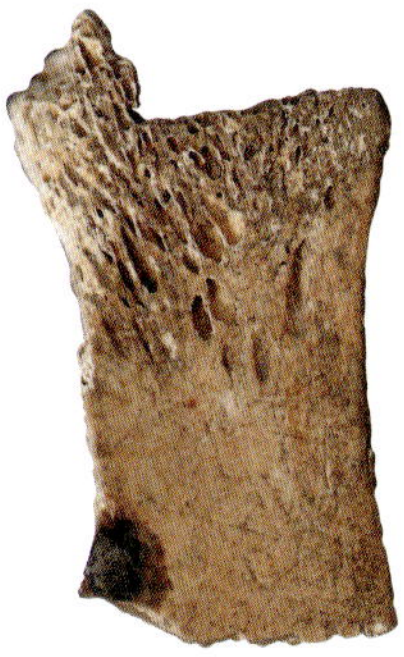
反

拓片

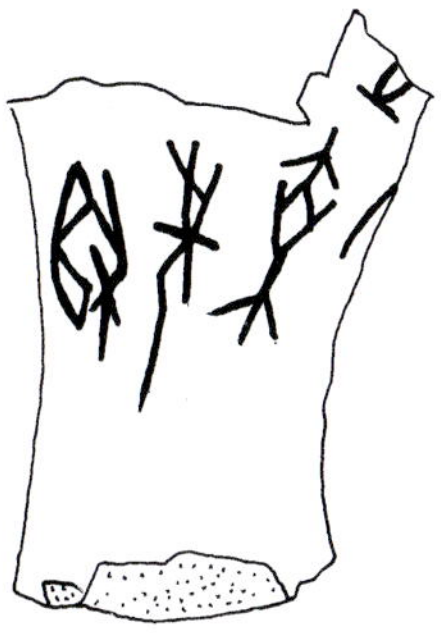
摹本

12 正

反

拓片

摹本

13 正

反

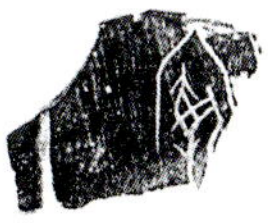
拓片

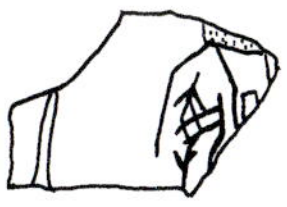
摹本

14 正

反

側 1

側 2

拓片

摹本

15 正

反

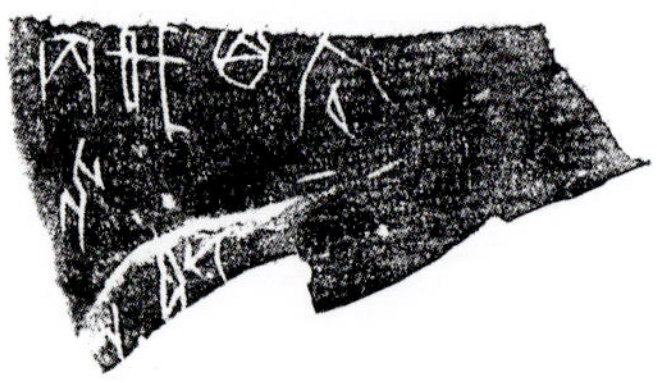
拓片

摹本

16 正

反

拓片

摹本

17 正

反

拓片
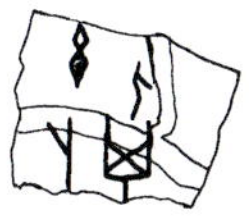
摹本

18 正

反

側

拓片

摹本

19 正

反

拓片

摹本

20 正

反

拓片正

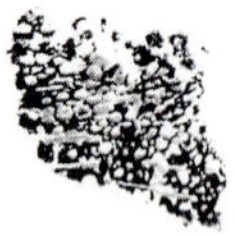

拓片反

摹本正

摹本反

21 正

反

側 1

側 2

拓片

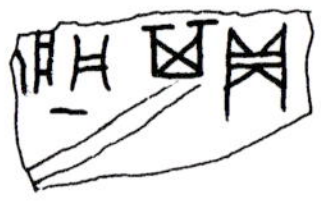

摹本

22 正

反

拓片

摹本

23 正

反

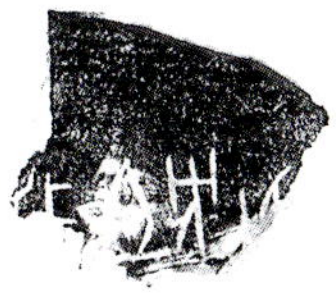

拓片

摹本

24 正

反

拓片

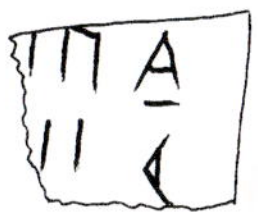

摹本

25 正

反

拓片

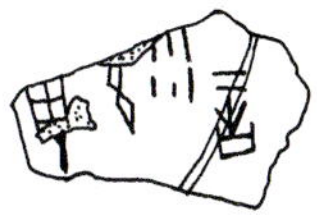

摹本

26 正

反

拓片

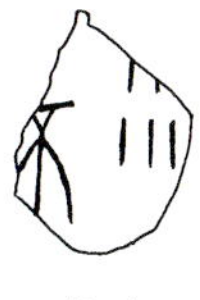

摹本

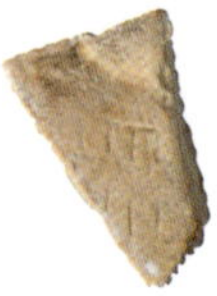
27 正

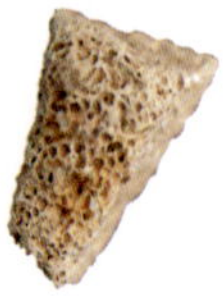
反

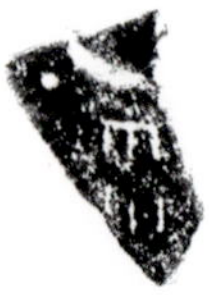
拓片

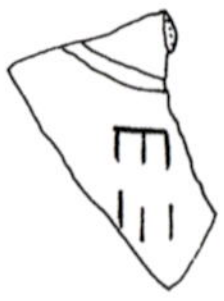
摹本

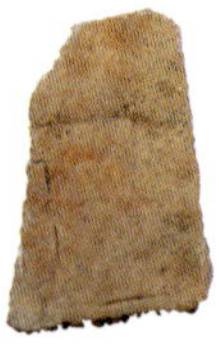
28 正

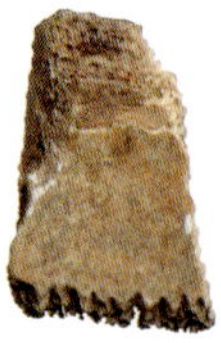
反

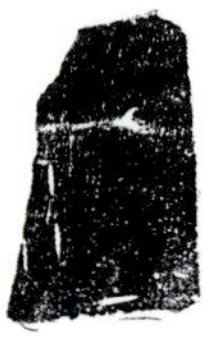
拓片

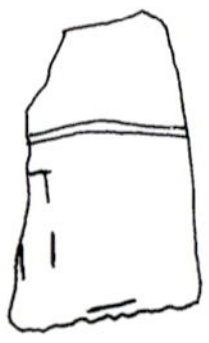
摹本

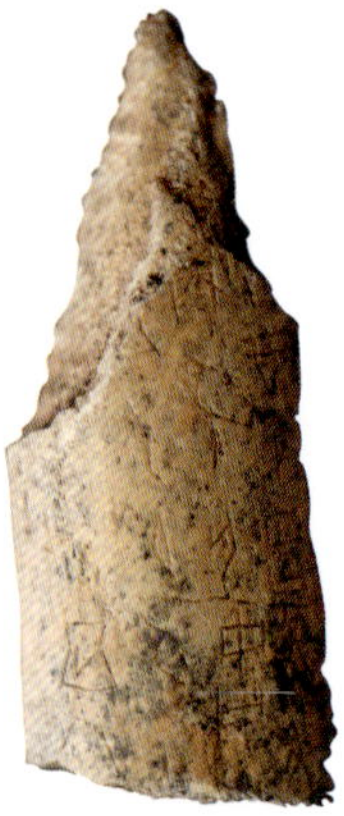
29 正 1

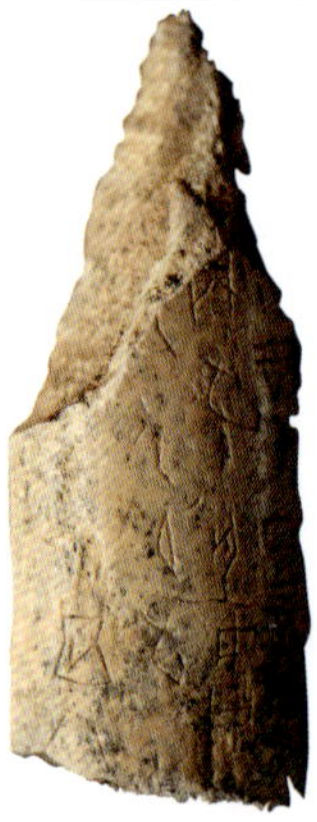
正 2

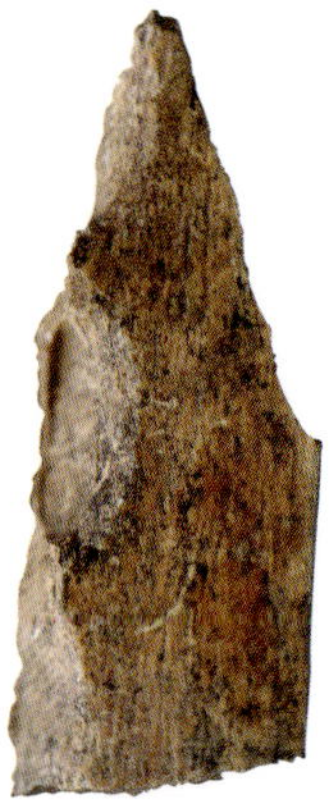
反

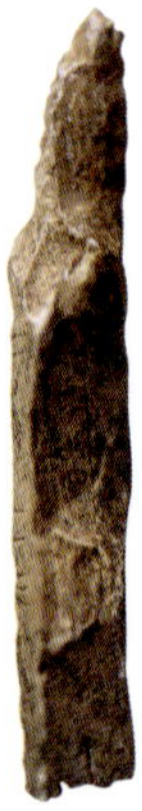
側

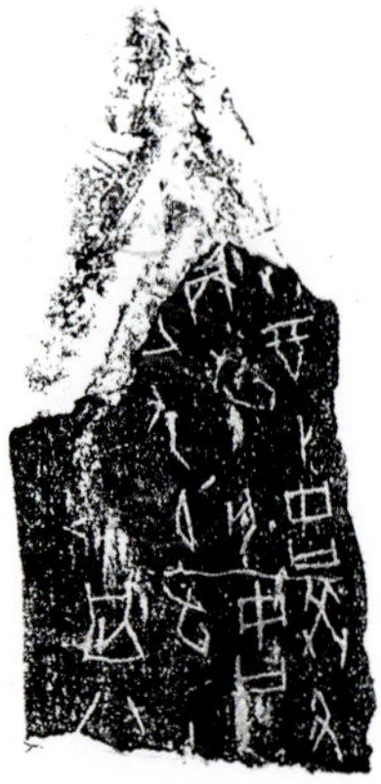
拓片

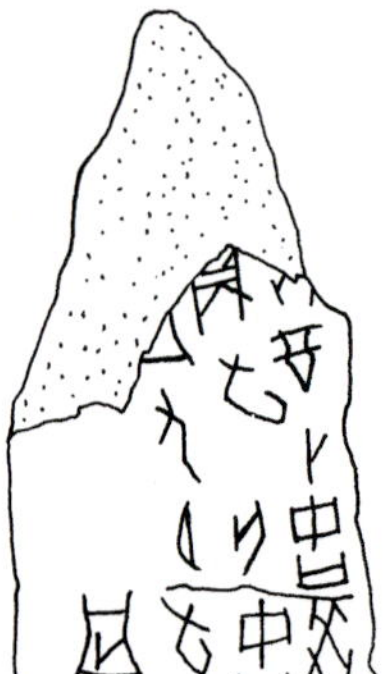
摹本

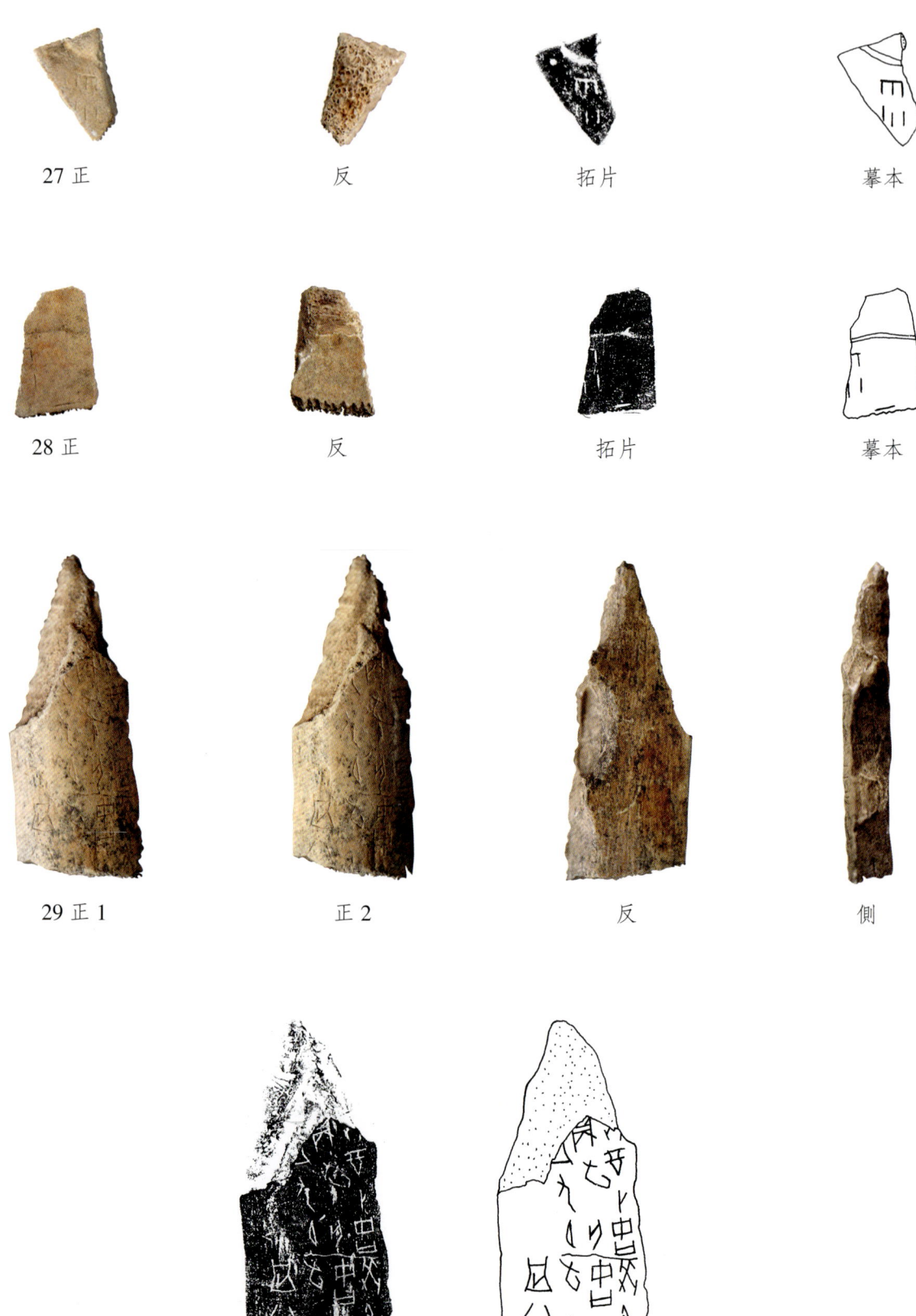

30 正

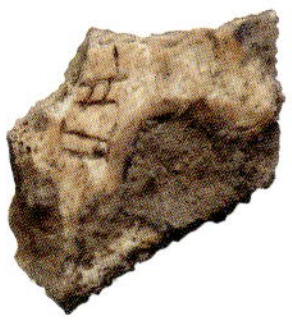

反

拓片

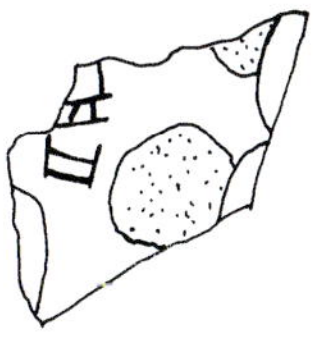

摹本

31 正

反

側

拓片正

拓片反

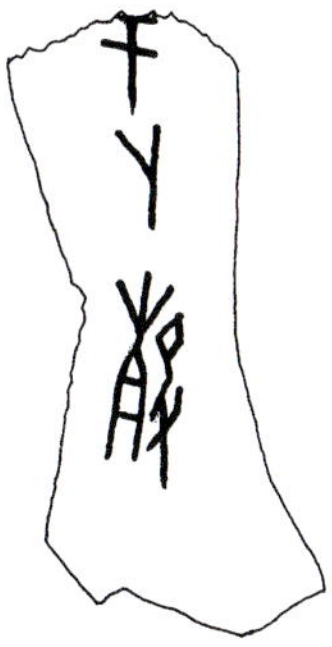

摹本正

摹本反

32 正

反

側

拓片

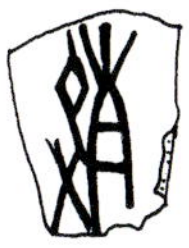

摹本

33 正

反

拓片

摹本

34 正

反

拓片

摹本

35 正

反

拓片

摹本

36 正

反

側 1

側 2

拓片

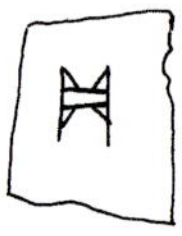
摹本

37 正

反

拓片

摹本

38 正

反

側

拓片

摹本

39 正

反

拓片

摹本

40 正

反

拓片

摹本

41 正

反

拓片

摹本

42 正

反

拓片

摹本

43 正

反

拓片

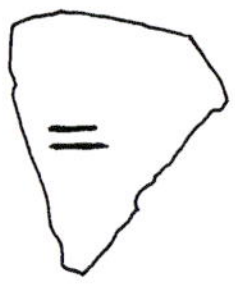

摹本

44 正

反

側

拓片

摹本

45 正

反

拓片

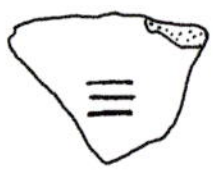

摹本

46 正

反

拓片
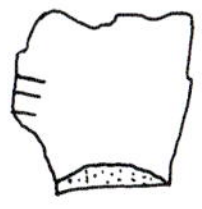
摹本

47 正

反

拓片
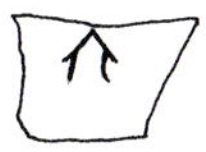
摹本

48 正

反

拓片

摹本

49 正

反

拓片

摹本

50 正

反

拓片正
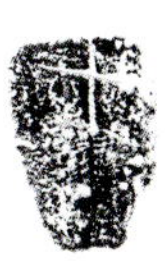
拓片反

摹本正

摹本反

51 正

反

拓片

摹本

52 正

反

側

拓片

摹本

53 正

反

拓片

摹本

54 正

反

拓片

摹本

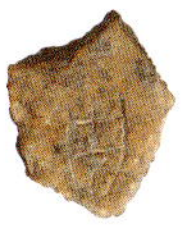
55 正
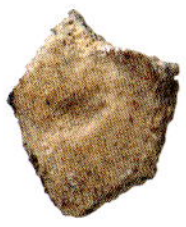
反
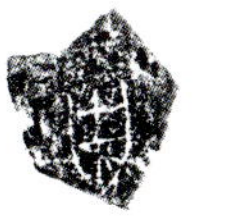
拓片
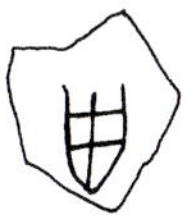
摹本

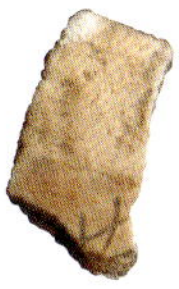
56 正
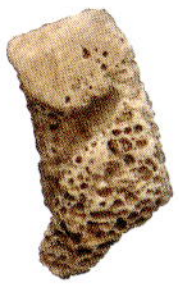
反
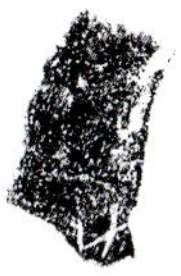
拓片
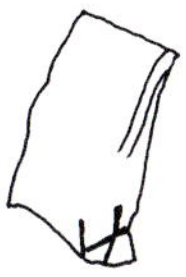
摹本

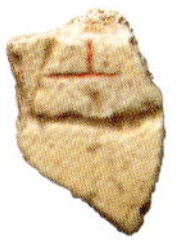
57 正
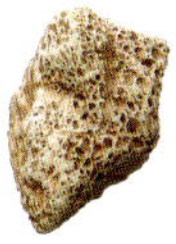
反
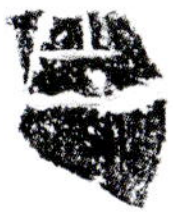
拓片
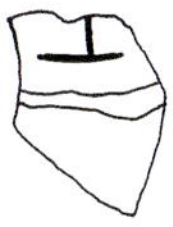
摹本

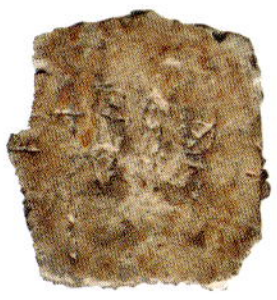
58 正
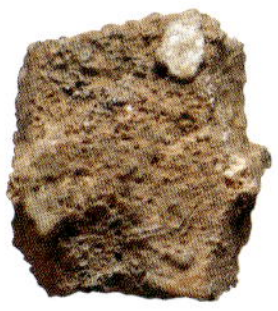
反
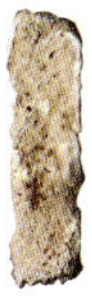
側 1
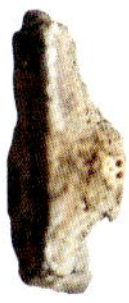
側 2
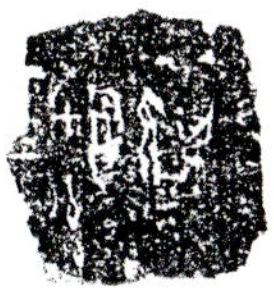
拓片
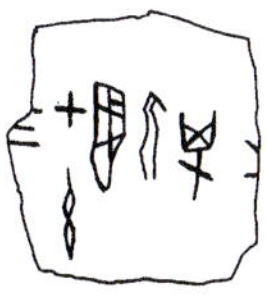
摹本

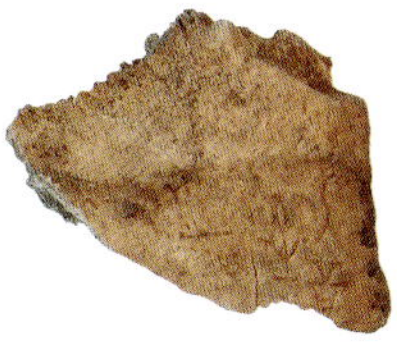
59 正
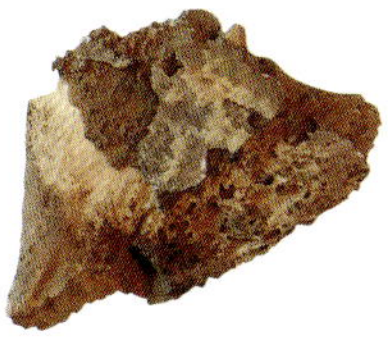
反
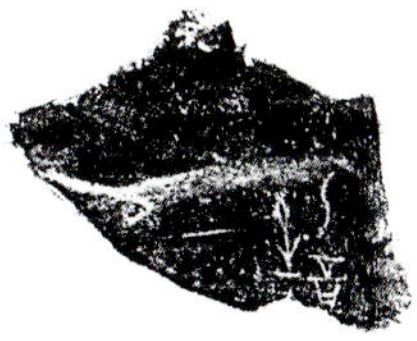
拓片
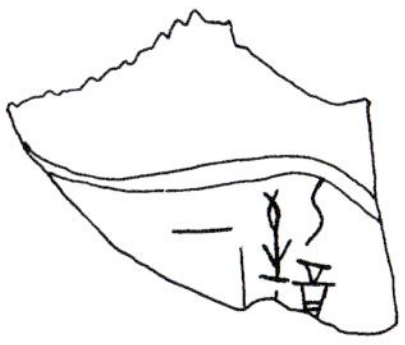
摹本

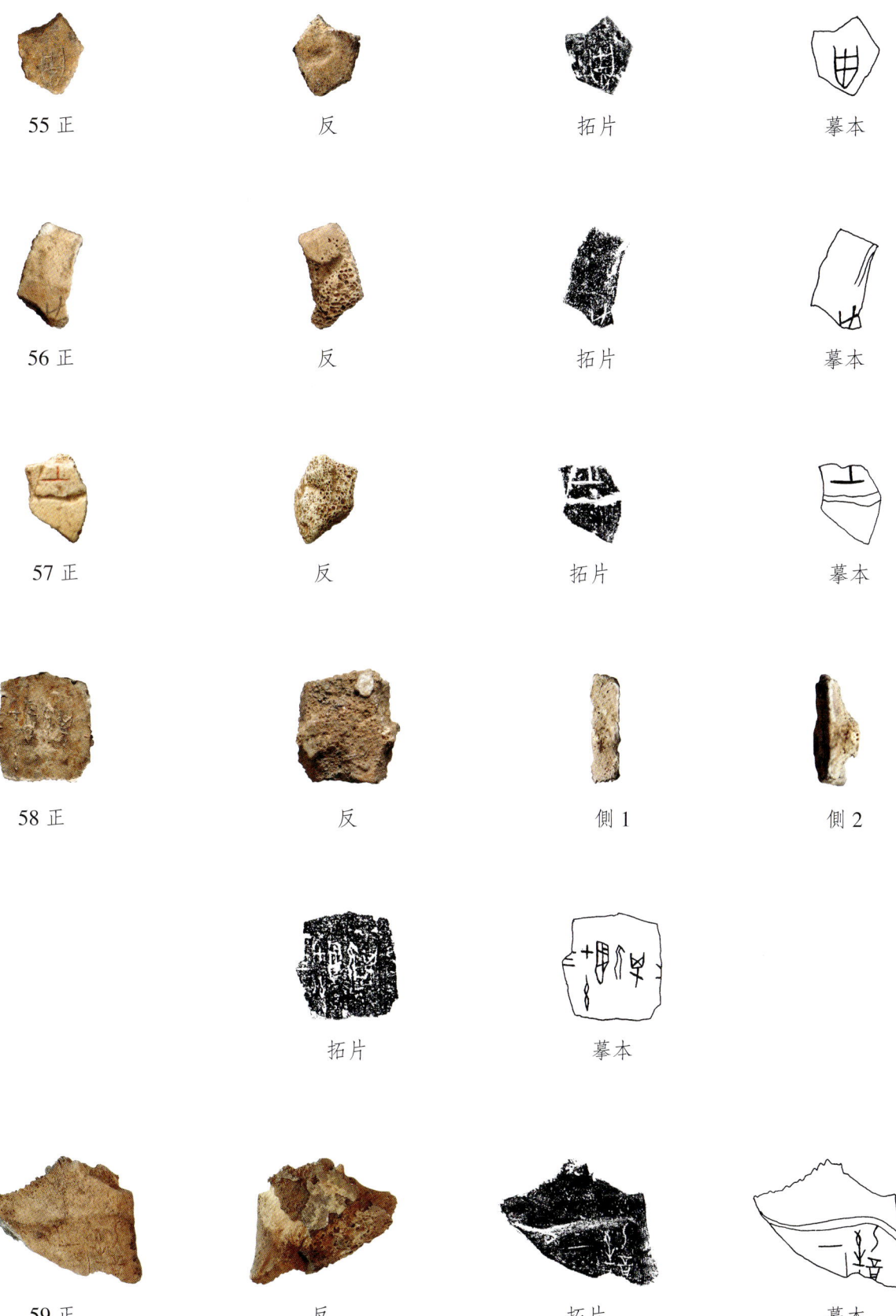

第二期

60 正

反

側

拓片

摹本

61 正

反

側 1

側 2

拓片

摹本

62 正

反

拓片

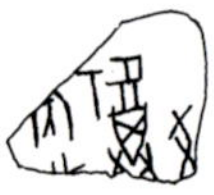
摹本

63 正

反

拓片

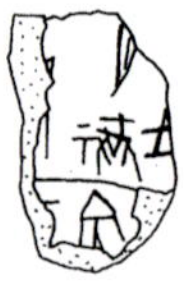
摹本

64 正

反

拓片

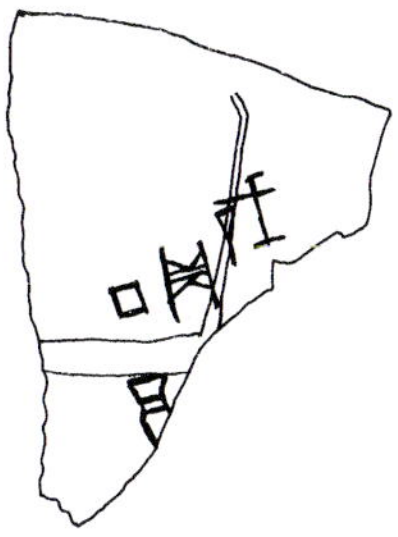
摹本

65 正 1

正 2

反

拓片

摹本

66 正

反

拓片

摹本

67 正

反

拓片

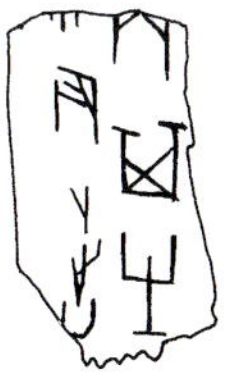
摹本

68 正

反

側

拓片

摹本

69 正

反

拓片

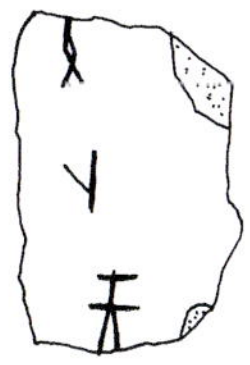

摹本

70 正

反

拓片

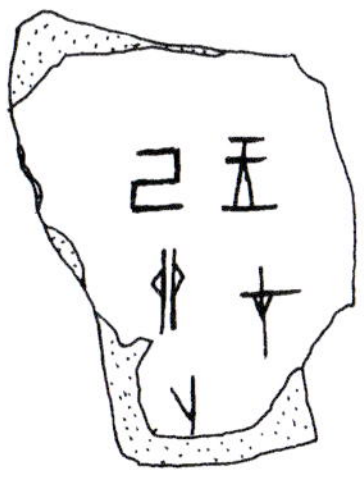

摹本

71 正

反

拓片

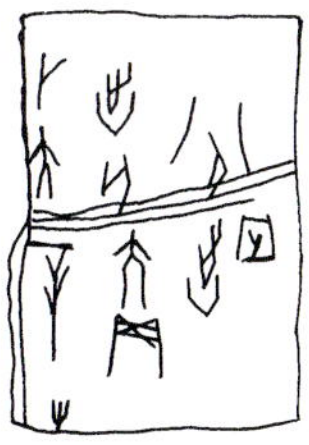

摹本

72 正

反

側 1

側 2

拓片

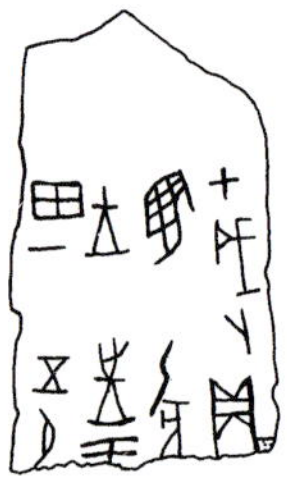

摹本

73 正

反

拓片

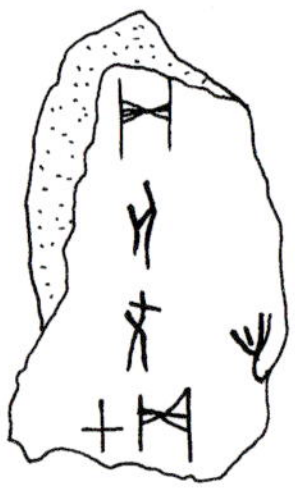

摹本

74 正

反

側 1

側 2

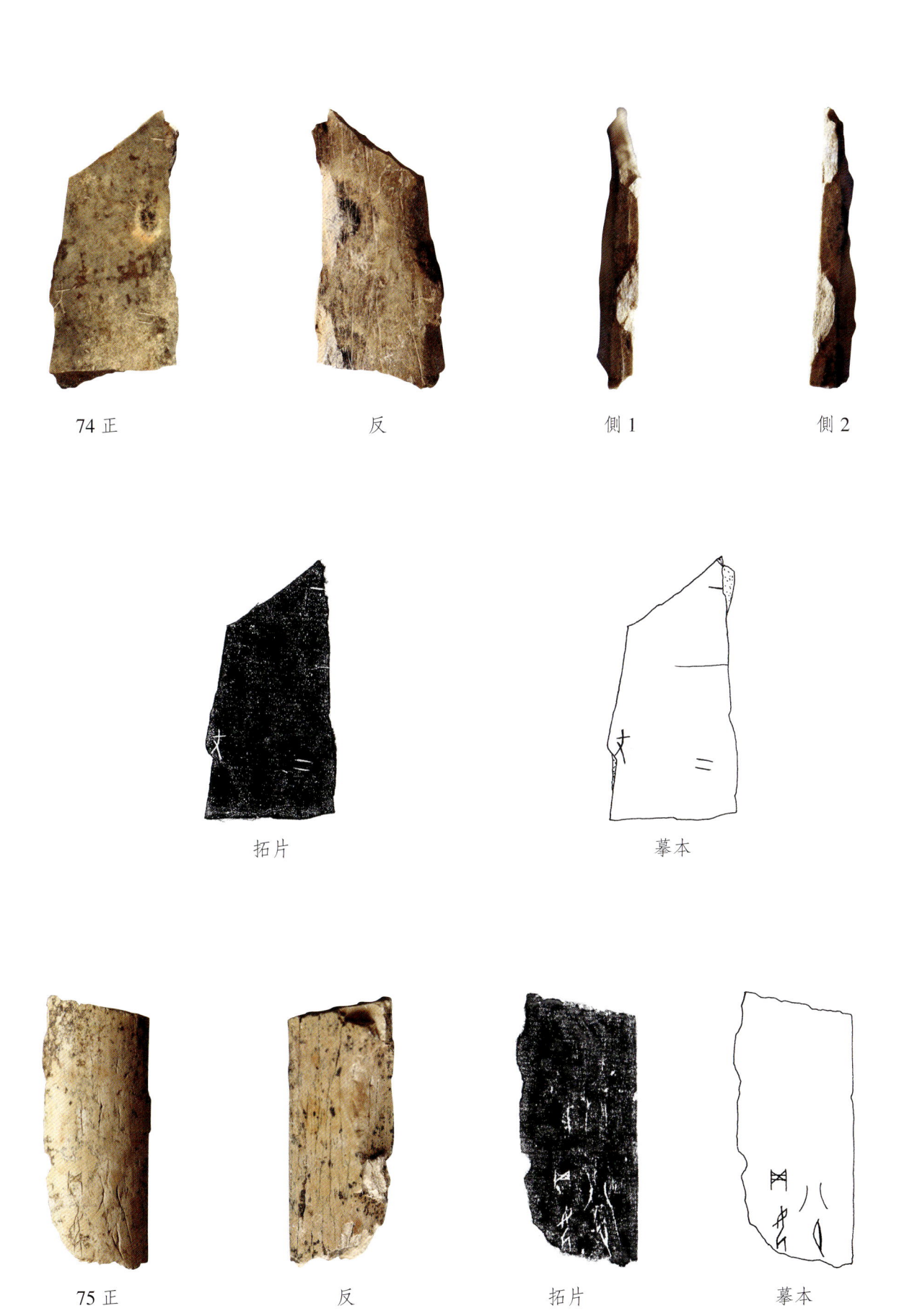

拓片

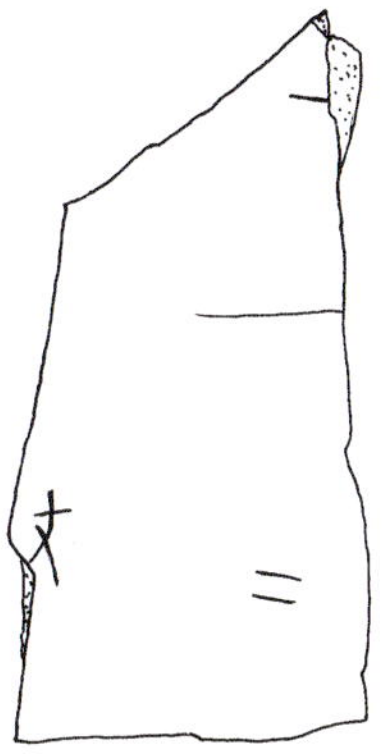
摹本

75 正

反

拓片

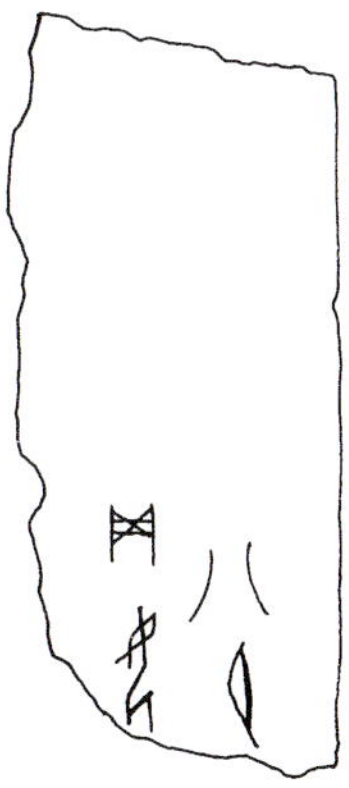
摹本

76 正

反

拓片

摹本

77 正

反

側

拓片

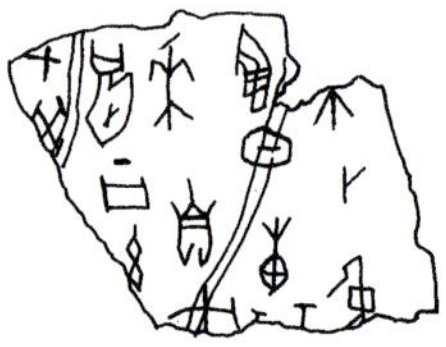
摹本

78 正

反

拓片

摹本

79 正

反

側

拓片

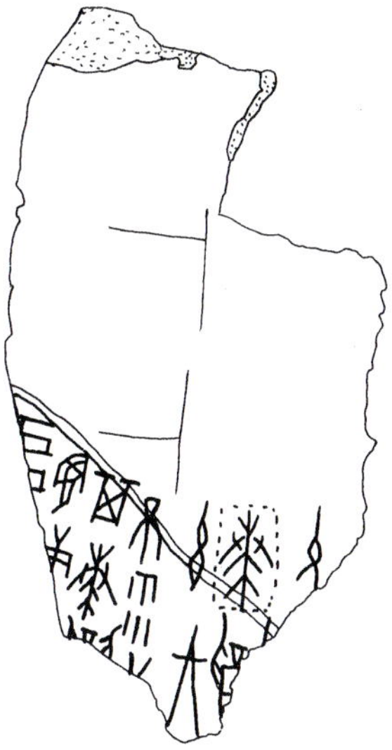

摹本

80 正

反

拓片

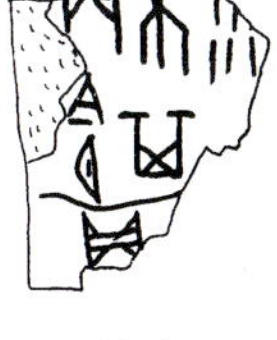

摹本

81 正

反

側

拓片

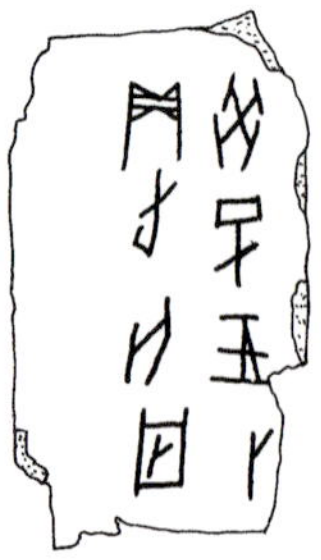

摹本

82 正

反

拓片

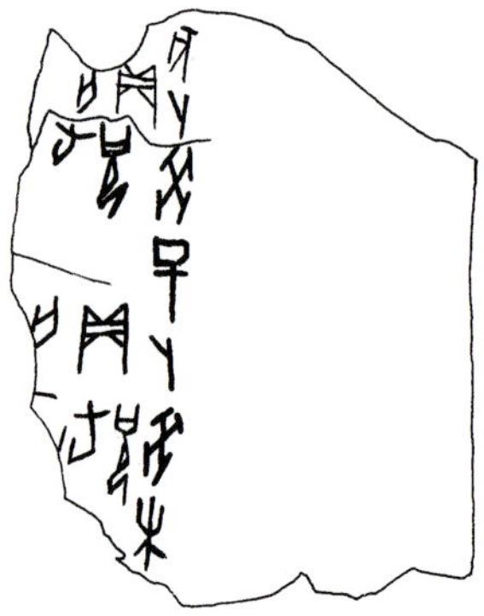

摹本

83 正

反

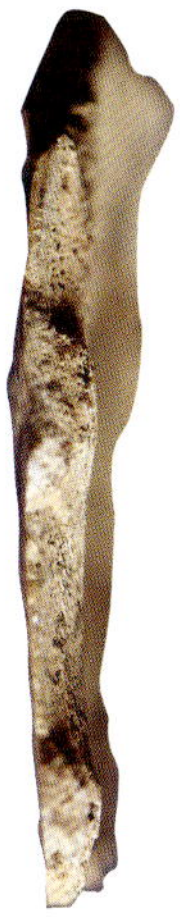

側

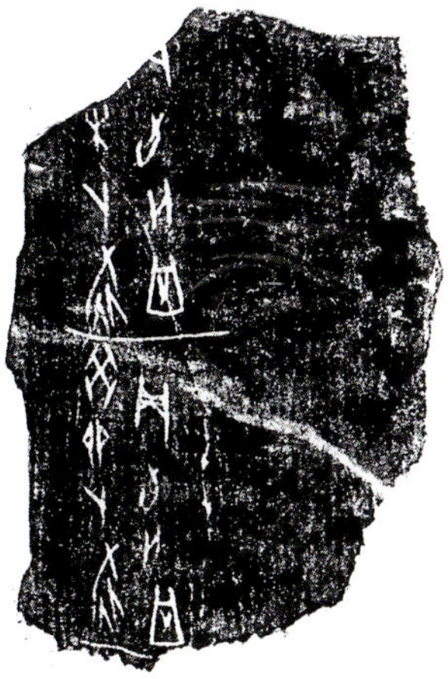

拓片

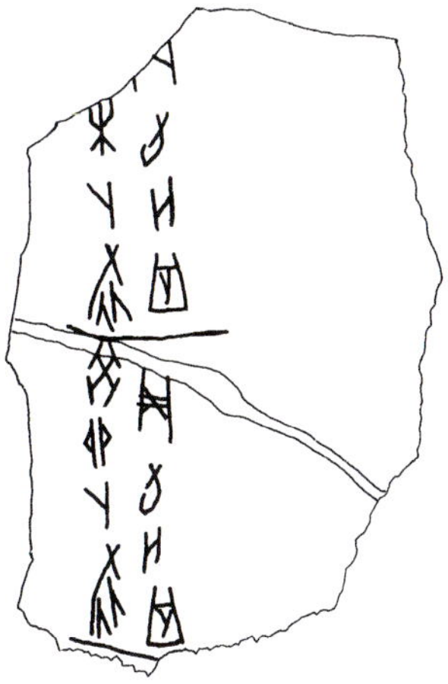

摹本

84 正

反

拓片

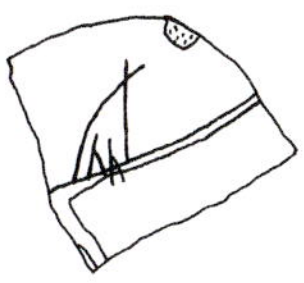

摹本

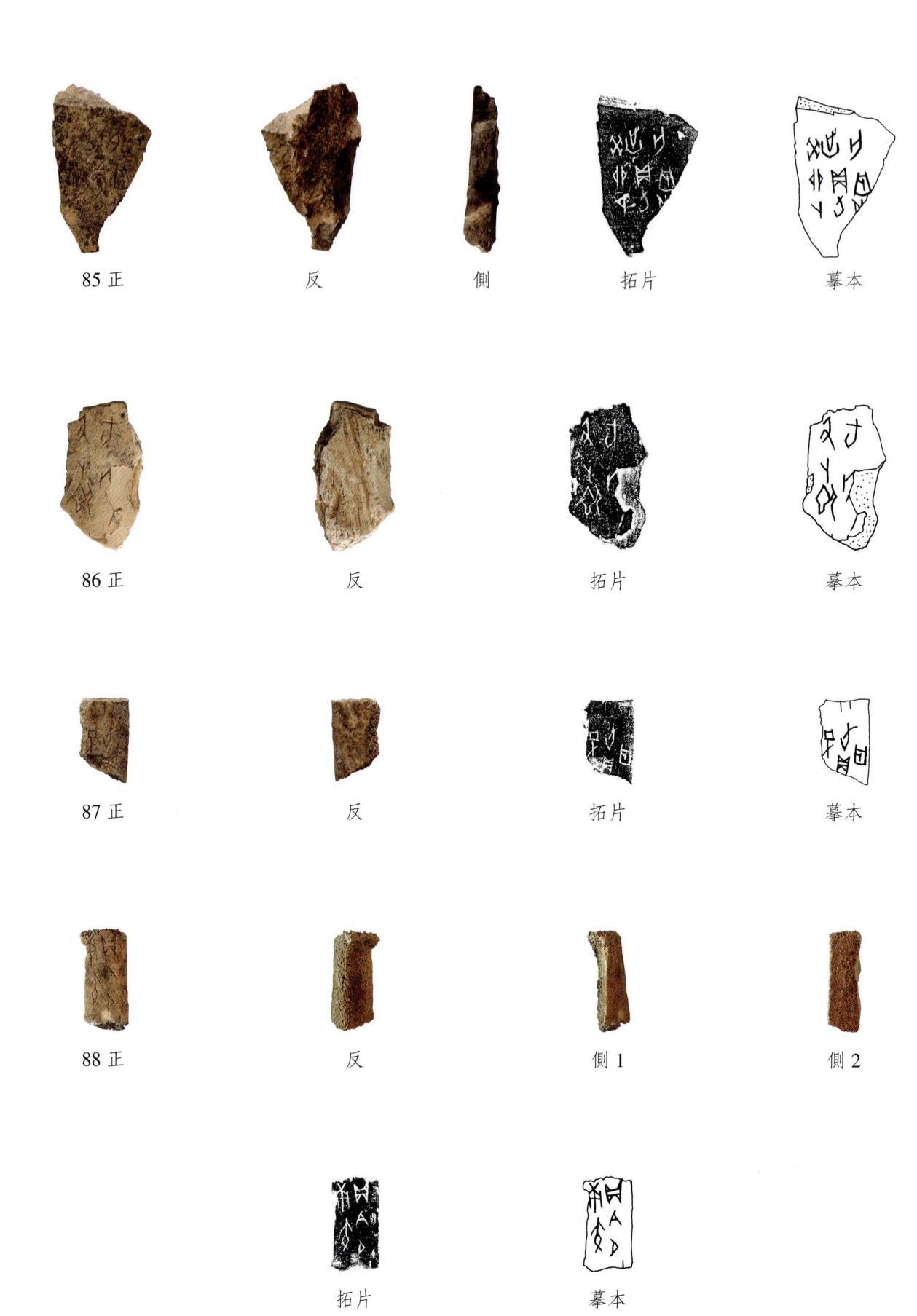

85 正

反

側

拓片

摹本

86 正

反

拓片

摹本

87 正

反

拓片

摹本

88 正

反

側 1

側 2

拓片

摹本

89 正

反

拓片

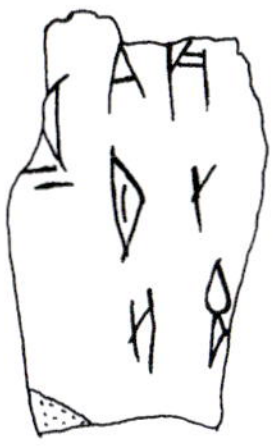
摹本

90 正

反

側

拓片

摹本

91 正

反

拓片

摹本

92 正

反

拓片

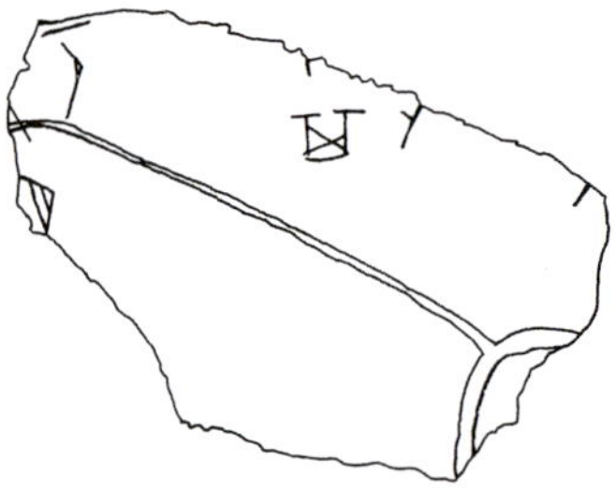

摹本

93 正

反

拓片

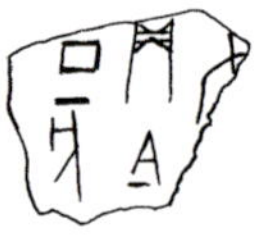

摹本

94 正

反

拓片

摹本

第三期

95 正

反

側

拓片

摹本

96 正

反

側

拓片

摹本

97 正

反

側

拓片

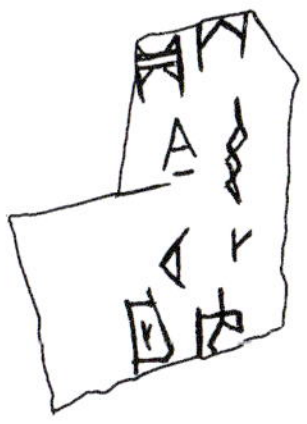
摹本

98 正

反

拓片

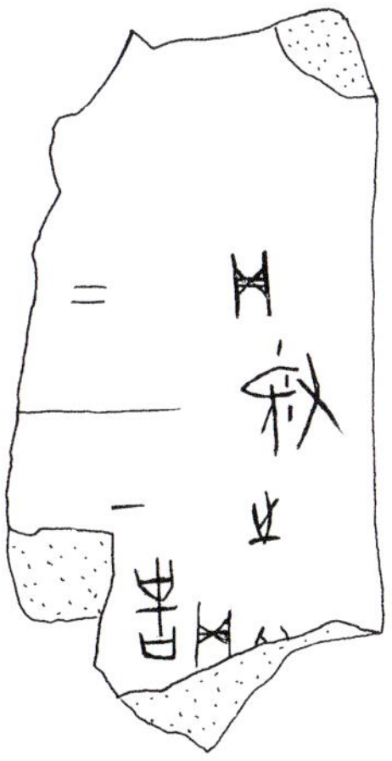
摹本

第四期

99 正

反

局部放大

拓片

摹本

100 正

反

側

拓片

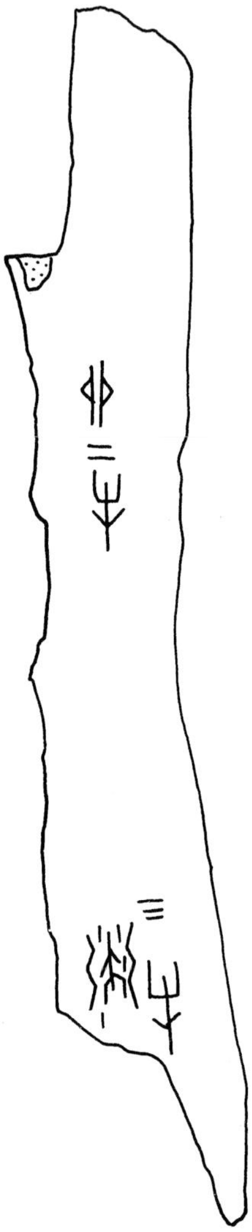

摹本

第五期

101 正

反

側

拓片

摹本

102 正

反

側

拓片

摹本

103 正

反

拓片

摹本

104 正

反

拓片
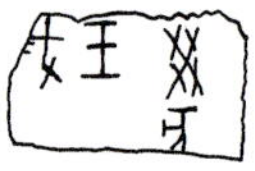
摹本

105 正

反

側

拓片

摹本

106 正

反

拓片

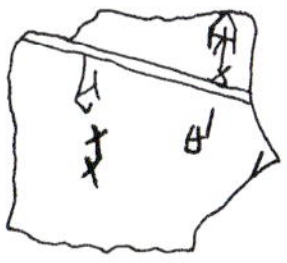

摹本

107 正

反

側 1

側 2

拓片

摹本

108 正

反

拓片

摹本

109 正

反

拓片

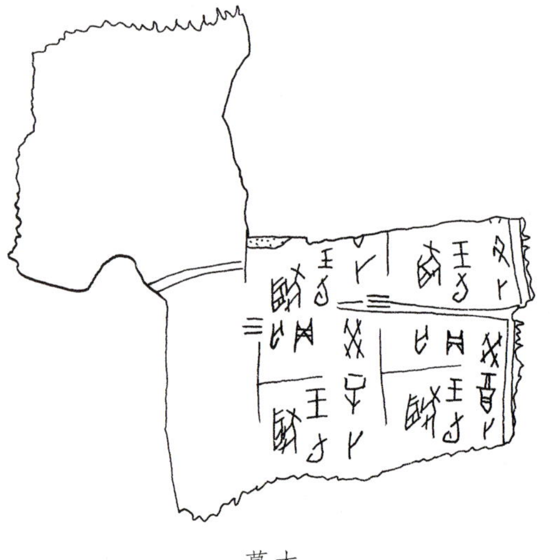
摹本

110 正

反

拓片

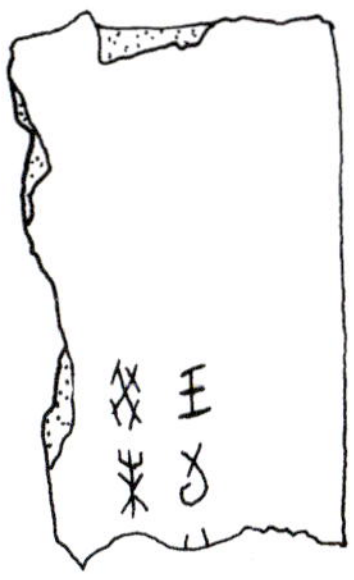

摹本

111 正

反

側 1

側 2

拓片

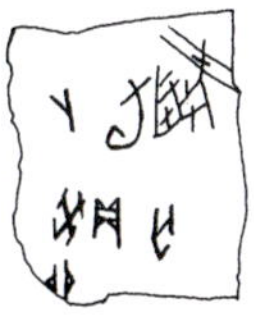

摹本

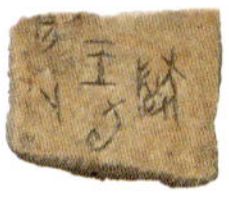

112 正

反

拓片

摹本

113 正

反

拓片

摹本

114 正

反

拓片

摹本

115 正

反

拓片

摹本

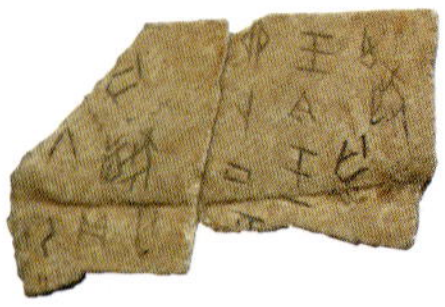
116 正

反

拓片

摹本

117 正

反

拓片

摹本

118 正

反

側

拓片

摹本

附录

無字甲骨與骨錐

119 正

反

側 1

側 2

拓片

摹本

120 正

反

拓片

摹本

121 正

反

拓片

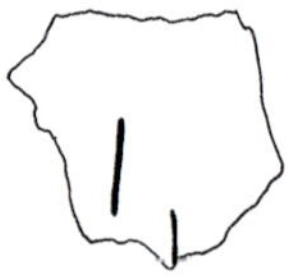

摹本

122 正

反

甲骨釋文

第一期

1 牛肩胛骨　𠂤組　傅林明藏品
(1) 辛巳貞：弜亡囚。才(在)失。一
(2) 其壬𢦔(翦)失。一
(3) 其癸𢦔(翦)失。一
(4) ☐𦥑☐一
(5) 甲午卜，弜其甲𢦔(翦)失。小一月。一
(6) 其乙𢦔(翦)失。一
(7) 其丙𢦔(翦)失。一
(8) 其丁𢦔(翦)失。一
(9) 其戊𢦔(翦)失。一三
(10) 其戊𢦔(翦)失。二
(11) [其]□(己)[𢦔(翦)]□(失)。[一]二
(12) 庚☐□☐

"失"一作"失侯"(《合集》10923)，先前爲商敵國，至武丁晚期服屬於商王朝，址在河南洛陽附近東北一帶。《逸周書·世俘解》記周武王伐商，"告禽(擒)霍侯，俘艾(侯)、佚侯、小臣四十有六"。"失"若"失侯"即"佚侯"(參見趙平安：《從失字的釋讀談到商代的佚侯》，《中國社會科學院歷史研究所學刊》第一集，社會科學文獻出版社，2001年；又收入氏著《新出簡帛與古文字古文獻研究》，商務印書館，2009年)。殷曆有大小月之分，可能逢單月爲小月，甲骨文中有稱"小三月"(《合集》20803、《東北師大》13)、"小五月"(《合集》21637)、"小生七月"(《合集》7790、7791)(參見宋鎮豪：《夏商社會生活史》增訂本上册，中國社會科學出版社，2005年，第136頁)。此版"小一月"，則又添一新例證。

2 牛肩胛骨　𠂤組小字類
[癸]卯卜，扶[貞]：旬。十二月。

3 龜腹甲　𠂤組小字類
(1) 甲辰卜：王勿㞢父乙卤。否。一
(2) 丙☐桒☐二
(3) ☐宋☐
填墨。"否"，新見字。

4 龜腹甲　賓組
乙酉卜☐㱿于☐☐宰宜☐十[牢]☐

5 龜腹甲　賓組
(1) 甲午卜，貞：㞢于父乙。一
(2) 㞢于父乙。

6 龜腹甲　賓組
(1) 丁亥☐貞☐彡☐
(2) 丙☐貞☐□☐
(3) ☐十一月。
(4) ☐□(十)一□(月)。

7 牛肩胛骨　賓組
庚申卜，□貞：自☐𠂤☐

8 龜腹甲　賓組
丙午☐貞☐牢☐ 一

9 龜腹甲　賓組
☐貞：我☐□☐(反)

10 龜腹甲　賓組
□子卜☐□王□☐

11 牛肩胛骨　賓組
☐[令][望]乘先歸。

12 牛肩胛骨　賓組
☐□☐□☐

13 龜背甲　賓組
☐𥧾☐

14 龜腹甲　賓組

勿☐比☐不☐其☐　一

15 龜腹甲　賓組

丙申卜☐肇斫☐百。六月。一

"肇"有送致、奉納之義(參見方稚松:《殷墟甲骨文五種記事刻辭研究》,線裝書局,2009年,第45—49頁)。"斫"字亦見《合集》9389"☐斫㞢卅",《合集》8289"☐斫十"(均爲骨面記事刻辭);又見《花東》35"壬申卜子其往于田,从昔斫。用。㞢四鹿。一",《花東》345+548"壬申卜子其往于田,从昔斫。用。二"(方稚松綴),《花東》295"辛酉卜,从曰昔斫,㞢。子占曰:其㞢。用。三鹿"(參見姚萱:《殷墟花園莊東地甲骨卜辭的初步研究》,線裝書局,2006年,第102—104頁)。斫字从"冎"从"斤",可能與製骨作坊的骨料獲取來源有關。骨面記事刻辭的"斫",是指整治備用的占卜用骨。"肇斫百"謂送納斫百塊,"斫"在此作爲骨料的專用名詞。

16 龜腹甲　賓組

□未卜☐隻☐

17 龜背甲　賓組

□午卜☐㞢☐

18 龜腹甲　賓組

(1) 貞☐庚☐

(2) ☐争☐不☐亡☐年。

19 龜腹甲　賓組

……𠂤□……

20 正反　龜腹甲　賓組

☐日☐娩☐(正)

☐□☐□☐(反)

正面涂朱。

21 龜腹甲　賓組

☐貞☐其☐凡(同)☐疾。一

22 龜腹甲　賓組

☐嬉(艱)☐

涂朱。

23 龜腹甲　賓組

☐𢦏(翦)土方。十月。

24 龜背甲　賓組

☐今夕☐雨。

25 龜背甲　賓組

☐翌☐午☐雨☐　二告

26 龜腹甲　賓組

☐不☐雨。

27 龜腹甲　賓組

☐雨☐

28 龜腹甲　賓組

☐雨。一

29 牛肩胛骨　賓組

(1) 癸丑[卜],𡆥[貞]:旬亡囚。八[月]。

(2) 癸酉卜,𡆥貞:旬亡囚。九月。

30 正反　牛肩胛骨　賓組

六(正)

☐吉。(反)

31 正反　龜腹甲　賓組

□巳卜,殻☐(正)

王固曰:☐(反)

32 龜腹甲　賓組

☐殻☐

涂朱。

33 龜腹甲　賓組
（1）貞勿□［乎］☒小☒［臣］☒
（2）☒方☒土☒

34 龜腹甲　賓組
☒争☒
涂朱。

35 龜腹甲　賓組
［壬］辰卜，貞☒癸☒

36 龜腹甲　賓組
☒貞☒

37 龜背甲　賓組
小告

38 龜腹甲　賓組
（1）三
（2）□告

39 龜背甲　賓組
二告

40 龜腹甲　賓組
二［告］

41 龜腹甲　賓組
一

42 龜腹甲　賓組
一 二

43 龜腹甲　賓組
二

44 龜腹甲　賓組
三

45 龜腹甲　賓組
三

46 龜腹甲　賓組
三

47 龜腹甲　賓組
六

48 牛肩胛骨　賓組
☒［貞］☒［十二月？］

49 龜腹甲　賓組
癸未☒

50 正反　龜腹甲　賓組
☒□甲☒（正）
☒于（？）☒（反）
正面涂朱。

51 龜腹甲　賓組
☒ǂ☒（反）

52 龜腹甲　賓組
☒千。（反）
甲橋刻辭。

53 龜腹甲　賓組
☒其☒

54 龜腹甲　賓組
☒來☒

55 龜腹甲　賓組
☒西☒

56 龜腹甲　賓組
☒□☒
殘存字从“止”。

57 龜腹甲 賓組
□□(壬?)□
涂朱。

58 龜腹甲 賓組
甲午□翌□弜□𡆥□ 三

59 龜腹甲 子組
乙酉□至□ 一

第二期

60 牛肩胛骨 出組
辛丑卜,□貞:叀祖□□雨。三[月]。

61 龜腹甲 出組
□□卜,尹[貞]:王室□祼,亡□。

62 龜腹甲 出組
□室□祼□尤。

63 牛肩胛骨 出組
(1)□室□□□
(2)□[貞]:王□夕祼□尤。

64 龜背甲 出組
丁酉□貞□戠□

65 龜腹甲 出組
□翌□酉之日□戉三□
填墨。

66 龜腹甲 出組
□三宰□
填墨。

67 牛肩胛骨 出組
[庚]辰卜,出貞:其虫□

68 龜腹甲 出組
(1)乙丑□
(2)丙寅卜,王。
(3)丙寅卜,王。

69 牛肩胛骨 出組
□寅卜,王。

70 牛肩胛骨 出組
己卯卜,王。才(在)□

71 龜腹甲 出組
(1)辛未[卜],大貞:[王]出[亡]囚。
(2)□□卜,大[貞]:[王]出亡[囚]。
八月。

72 龜腹甲 出組
甲戌卜,貞:翌乙亥王往于田。五月。
一

73 牛肩胛骨 出組
(1)甲□貞□
(2)貞:亡尤。
(3)□□□

74 牛肩胛骨 出組
(1)□尤。
(2)一 二

75 牛肩胛骨 出組
貞:毋□八月。

76 龜腹甲 出組
(1)癸巳卜□□其□
(2)□災。在□

77 龜腹甲 出組
□[未]卜,中[貞]:翌日叀[其]□來
自□□占曰:[茲]□[于]癸□

78 龜腹甲 出組
□又□自□二月。

79 龜腹甲 出組
己巳□翌庚[午]□其奏㽙□不雨。□(庚)午王□奏㽙□允□□

"奏㽙","㽙"是敲擊樂器名,讀爲"鞀",異體作"鞉"、"鼗"、"磬"等形,《詩·商頌·那》云:"置我鞉鼓。"甲骨文有云:"庚寅卜,出貞:于翌乙未大㽙。"(《合集》23610)《周禮·春官·大司樂》鄭玄注謂"大磬(韶),舜樂"。裘錫圭謂韶樂似得名於鞀,"也許原始的韶就是以鞀爲主要樂器的一種音樂"(參見裘錫圭:《甲骨文中的幾種樂器名稱——釋"庸"、"豐"、"鞀"》,《中華文史論叢》總第十四輯,上海古籍出版社,1980年。又收入《古文字論集》,中華書局,1992年,第196–209頁)。甲骨文除了有"□其置㽙于祊,㞢百羌,卯十□"(《合集》22543),置㽙奏樂於宗廟祭祀場合外,又有"癸亥[卜],出貞:其翌[丁卯]□西洹魚益㽙"(《美國》41),用敲擊鞉鼓之樂於西洹的外祭場合(參見宋鎮豪:《殷墟甲骨文中的樂器與音樂歌舞》,《古文字與古代史》第二輯,台灣中研院歷史語言研究所,2009年),而此片則是置㽙奏樂以求雨,前所未見。

80 龜腹甲 出組
(1)□貞□
(2)貞:今夕不其雨。

81 牛肩胛骨 出組
癸巳王卜,貞:旬亡𡆥。

82 牛肩胛骨 出組
(1)癸未[卜],兄[貞]:旬[亡𡆥]。一
(2)癸巳卜,兄貞:旬亡[𡆥]。
(3)[癸]亥[卜,兄]貞:[旬]亡[𡆥]。

骨上端有一約0.8釐米的圓鉆孔。

83 龜腹甲 出組
(1)[癸]未卜,旅[貞]:旬亡𡆥。
(2)癸卯卜,旅貞:旬亡𡆥。

84 龜腹甲 出組
□旅□

85 牛肩胛骨 出組
癸卯卜,出貞:旬亡𡆥。[十]月。

86 牛肩胛骨 出組
[癸]丑卜,即[貞]:旬亡[𡆥]。

87 龜腹甲 出組
(1)□貞□𡆥。
(2)[癸]巳□[貞]:旬[亡𡆥]。

88 龜腹甲 出組
庚寅□貞:今夕□□□

89 牛肩胛骨 出組
□辰卜,即[貞]:今夕亡□。[十]二月。

90 牛肩胛骨 出組
壬戌[卜],貞:今[夕]亡𡆥。

91 龜腹甲 出組
□卯卜,□貞:□夕□

92 龜背甲 出組
(1)□今夕□一(?)月。
(2)□其□
(3)□□□

93 龜背甲 出組
丁亥□貞:今□不□

94 牛肩胛骨 出組

（1）貞☐才（在）☐
（2）□□卜☐

第三期

95　龜背甲　事何類
己卯卜，𢀛貞：今［夕］亡［𡆥］。

96　龜腹甲　事何類
□□［卜］，何貞：［王］燕叀吉☐雨。

97　龜腹甲　何組
丙午卜，何貞：今夕［亡］𡆥。

98　牛肩胛骨　何組
（1）［癸］☐貞☐告（？）☐一
（2）貞：犮之。二

第四期

99　正反　牛肩胛骨　歷組　傅林明藏品
（1）庚戌气肩三十𠂤。（背面刻辭）
（2）☐又兕其逐，獲。
反面墨書，漫漶不清，依稀可辨“一”、“戠”、“酉”數字。

100　牛肩胛骨　歷組
（1）沉三牛。
（2）卯二牛。

第五期

101　龜腹甲　黃組
□□［卜］，貞：［王］□祖丁奭☐日，亡［尤］。
填墨。

102　龜背甲　黃組
甲寅卜，貞☐［㝘］𠂤甲☐

103　龜腹甲　黃組
（1）丙午［卜］☐康祖丁☐牢［羊］☐兹□。
（2）丙辰卜☐康祖丁☐其牢。
“辰”缺刻橫畫。

104　龜腹甲　黃組
癸亥☐王☐歲☐

105　龜背甲　黃組
貞王㝘［叙］，亡尤。
填墨。

106　龜腹甲　黃組
☐□☐㝘☐亡尤。

107　龜腹甲　黃組
☐㝘☐亡尤。

108　龜腹甲　黃組
壬［戌］☐貞：田☐往來☐王𡆥曰：☐
填墨。拓本上的“一”乃盾紋痕。

109　龜腹甲　黃組
（1）癸酉卜，貞：王旬亡畎。三
（2）癸巳卜，貞：王旬亡畎。三
（3）［癸］丑卜，［貞］：王旬［亡］畎。
（4）［癸酉］卜，［貞］：王旬［亡］畎。
填墨。

110　牛肩胛骨　黃組
癸未［卜，貞］：王旬［亡畎］。

111　龜腹甲　黃組

（1）癸卯▨貞▨亡［畎］。
（2）□□卜▨旬［亡］畎。

112　龜腹甲　黄組
［癸］亥卜，［貞］：王旬［亡］畎。

113　龜腹甲　黄組
（1）甲子［卜］，貞：王［今］夕亡［畎］。
（2）□□卜▨今▨畎。

114　龜腹甲　黄組
（1）丙寅［卜］，貞王［今］夕亡［畎］。
（2）□□卜，［貞：王］今［夕亡］畎。
填墨。

115　龜腹甲　黄組
乙亥卜，貞：王今夕亡畎。一

116　龜腹甲　黄組
（1）乙未［卜］，貞：［王今□］亡［畎］。
（2）丁酉［卜，貞］：王［今□］亡［畎］。
（3）▨今▨亡畎。
（4）□卯卜，［貞］：王今□亡畎。
填墨。

117　龜背甲　黄組
▨□（酉）王▨□曰▨

118　龜腹甲
▨庚佝▨□▨

附録　無字甲骨與骨錐

119　無字龜背甲
背面有一竪劃道

120　無字龜腹甲
背面有劃道

121　無字龜腹甲
背面有劃道

122　骨錐